„Stärke (aus)-bilden"
- Emotionale Stabilität als Teil der Resilienz -

STAATLICHE FACHSCHULE FÜR SOZIALPÄDAGOGIK ALTONA

Max - Brauer - Allee 134 - 22765 Hamburg
Tel.: 428112978 - Fax: 428113399 E-Mail: bs21@hibb.hamburg.de
LZ: 741/5964

Facharbeit

„Stärke (aus-)bilden"
– Emotionale Stabilität als Teil der Resilienz –

Schüler: Ali Khorram Zadeh Esfahani
Klasse: BWB-198-2 / 5. Semester
Arbeitsfeld: Kindertagesstätte - Elementarbereich
1.Gutachter: Michael Drescher, Diplom-Psychologe,
systemischer Paar- und Familientherapeut,
Berufsschullehrer für Sozial- und Sonderpädagogik
2. Gutachter: Felix Christinger, Diplom-Pädagoge
Abgabedatum: 27.01.2022

Impressum

Bibliografische Informationen der Deutschen Nationalbibliothek:
Die Deutsche Nationalbibliothek verzeichnet diese Publikation in der
Deutschen Nationalbibliographie; detaillierte bibliografische Daten
sind im Internet über http://dnb.dnb.de abrufbar.
© 2022 Ali Khorram Zadeh Esfahani

Korrektorat: Christina Christophersen
Cover: Ali Khorram Zadeh Esfahani
Herstellung und Verlag: BoD – Books on Demand, Norderstedt
ISBN: 9783756224906

Inhalt

Verzeichnis des Anhangs

1 Einleitung

1.1 Inhalt der Arbeit

Was sind „starke Menschen"? Diese Frage löst eine Diskussion aus, in der es genauso viele Meinungen gibt wie Beteiligte[1]. Aber wie wird man stark? Ich möchte mich in dieser Arbeit mit der Fähigkeit beschäftigen, die es den Menschen ermöglicht, trotz herausfordernder Umstände ständig weiterzumachen. Alle Menschen besitzen diese Fähigkeit: Resilienz. „Die Förderung von Resilienz gehört […] zu den grundlegenden präventiven Aufgaben von Kindertageseinrichtungen."[2] Je nach Biographie ist Resilienz individuell geprägt und sehr unterschiedlich ausgebildet. Da Resilienz aus unzähligen Bausteinen besteht, die sich gegenseitig beeinflussen und in Wechselwirkung stehen, begrenze ich mich aufgrund der Rahmenbedingungen dieser Arbeit auf Förderansätze der emotionalen Regulierung und Frustrationstoleranz unter Ausklammerung der familiären Einflüsse.

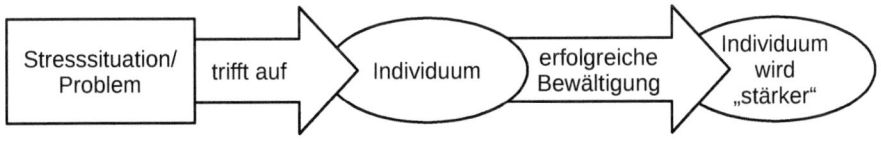

Quelle: Eigene Grafik, Resilienz einfach erklärt

---

[1] vgl. Anhang I: „Starke Menschen"
[2] Wustmann 2011: S. 15

1.2 Warum dieses Thema?

Dieses Thema ist für mich von persönlichem Interesse. Meine Biographie ist laut dem Risikofaktorenkonzept für eine besonders starke Entwicklungsgefährdung prädestiniert[3]. Dieses Konzept besagt, dass multiple Risikobelastungen „(…) zu einem ungünstigen Entwicklungsergebnis (des Kindes) beitragen können."[4] Vor der islamischen Revolution (1979) arbeitete mein Vater als Finanzberater am königlichen Hof und meine Mutter war eine angesehene Pathobiologin. Sie ließen sich scheiden, der persische König wurde gestürzt und der Krieg zwischen Iran und Irak brach aus. Mein Vater entkam knapp der Hinrichtung und wir verloren unser Haus. Meine Eltern sah ich kaum, da mein Vater weggezogen war und meine Mutter immer arbeitete. Bei einer Bombardierung (1985) verloren wir erneut unser Zuhause. Meine Schwester und ich wurden am Ende des Krieges (1988), als wir zehn und elf Jahre alt waren, nach Deutschland geschickt und wuchsen in einem evangelischen Kinderheim auf. Mit 16 Jahren kam ich in eine flexible Betreuung und hatte meine eigene Wohnung. Wir hatten nie tiefgehende Bindungserfahrungen mit unseren Eltern oder sonstigen erwachsenen Personen. Nur unsere Großmutter wachte über uns. Trotz Krieg und extremen soziodemographischen Verhältnissen haben wir uns gut entwickeln können.

In unserer privaten Einrichtung betreuen wir im Elementarbereich 15 Kinder zwischen 2,5 und 5 Jahren. Das Team besteht aus einer Erzieherin in Vollzeit, zwei Schülerinnen der FSP-2 im zweiten Semester, einem Auszubildenden im ersten Jahr, einem Praktikanten und mir. Unsere Kinder sind ausschließlich aus deutschen, wohlhabenden Familien, denen es materiell an nichts fehlt. Dennoch entstehen Situati-

---

[3] Kramer 2008: S. 79-95
[4] Wustmann 2011: S. 41

onen, aus denen die Kinder ohne Hilfe nicht hinaustreten können. Scheinbar erleben sie eine Krise der ausweglosen Hilflosigkeit. Wie kann man Kinder insoweit stärken, dass sie selbst die Krise bewältigen und Handlungsalternativen erschaffen können? Wenn es gelingt emotionale Stabilität zu schaffen, so kann man in kritischen Situationen einen klaren Kopf bewahren und anstatt impulsiv und affektiv, werteorientiert und pro-aktiv[5] handeln.

Im Folgenden beschreibe ich einige Beobachtungen aus der Praxis, vergleiche diese miteinander und analysiere die für diese Arbeit relevanten Aspekte. Anschließend erläutere ich meine methodische Vorgehensweise, um nachhaltig in vergleichbaren Situationen beim Kind emotionale Stabilität zu schaffen. Im Abschluss werde ich die Situation aus meiner Sicht bewerten und einen Ausblick auf künftige Entwicklungen geben.

Resilienz ist als ein transaktionaler Prozess zwischen Kind und Umwelt zu verstehen[6]. In der folgenden Darstellung habe ich versucht einige der Bausteine darzustellen. Die Bausteine, die an einer Transaktion beteiligt sind, beeinflussen sich gegenseitig. Daher ist Resilienz immer dynamisch und individuell. Diese Darstellung kann beliebig erweitert werden und deckt bei weitem nicht alle Faktoren und Bedingungen, die sich auf Resilienz auswirken.

---

[5] vgl. Covy 2016
[6] vgl. Wustmann 2011: S. 28

4

Resilienz[7]

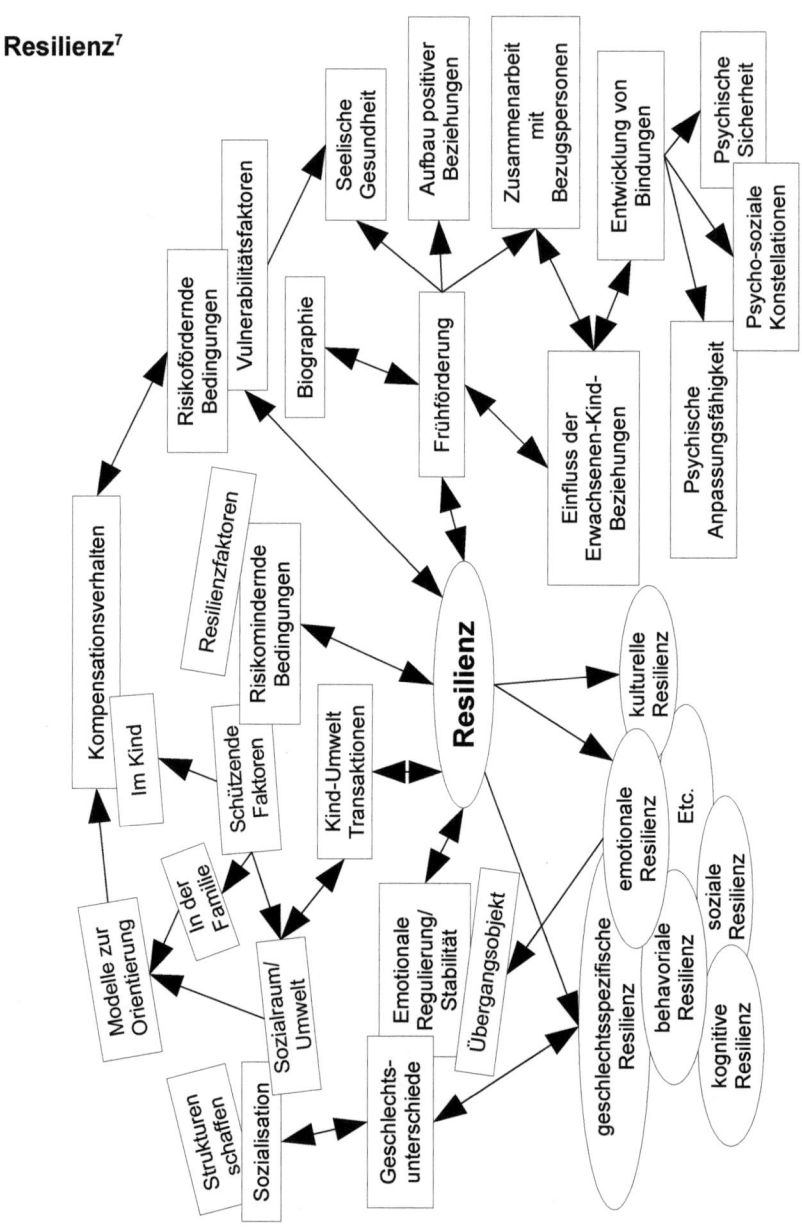

[7] Quelle: Eigene Grafik, Januar 2022

2 Hauptteil

2.1 Beobachtungen[8]

Mir fiel auf, dass Kinder in ähnlichen Situationen verschiedene Verhaltensmuster zeigten. Umstände, die für den einen keine besondere Hürde darstellen, scheinen für andere ernsthafte Herausforderungen zu sein. Hierzu werde ich nachfolgend die Reaktionen von drei Kindern in fast identischen Situationen beschreiben. Anschließend werde ich mich näher mit Anna befassen.

2.1.1 Anna - Situation 1

Anna ist ein 4-jähriges Mädchen aus einer gebildeten Familie. Sie ist sprachlich gut entwickelt und ist in vielen Kompetenzbereichen Gleichaltrigen voraus. Ihr Vater brachte sie morgens in die Kita und übergab ihr ihre Brotdose. Zusätzlich bekam sie einen mit Joghurt befüllten Plastikbehälter. Auf dem Weg zum Tisch rutschte der Plastikbehälter von ihrer Brotdose und der Joghurt floss aus. Daraufhin blieb sie stehen und weinte leise. Sie ließ sich zunächst nicht beruhigen und bewegte sich auch nicht mehr.

2.1.2 Anna - Situation 2

Die Kinder gingen in einer Reihe jeweils zu zweit Hand in Hand zum Spielplatz. Anna verlor einen Schuh, worauf sie beinahe unhörbar weinte. Der herbeigeeilte Erzieher stoppte die Kinder. Er hatte den fehlenden Schuh nicht bemerkt und fragte Anna, was los sei. Anna weinte nur und sprach nicht. Die Kinder machten den Erzieher auf den fehlenden Schuh aufmerksam, worauf er ihn ihr wieder anzog.

---

[8] Die Namen der Kinder wurden aus datenschutzrechtlichen Gründen geändert.

2.1.3 Anna - Situation 3

Vor dem Mittagessen sollten die Kinder nicht verwendete Spielsachen wegräumen. Anna hatte schon ihren Teil geleistet und durfte sich an den Tisch begeben. Sie blieb im Spielraum und weinte sehr leise. Als ein Erzieher nach dem Grund fragte, antwortete sie, dass noch nicht alles weggeräumt sei.

2.1.4 Mari - Situation 1

Mari ist ebenfalls ein 4-jähriges Mädchen und mit Anna befreundet. Mari ist stets in Begleitung ihres Kuschelhundes, den sie Mari-Hund nennt. Als Mari an einem Morgen, mit ihrem Hund unter den Arm, ihren Fruchtjoghurt zum Tisch bringen wollte, fiel dieser aus ihrer Hand und verschüttete sich über einer Bank in der Garderobe. Sie sagte: "Oh! Schau mal, was Mari-Hund gemacht hat!" und lächelte dabei. Anschließend holte sie mit dem Hund in der Hand einen Lappen und versuchte den Joghurt mit dem Lappen, den sie zwischen den Pfoten des Hundes hielt, wegzuwischen. Dabei blieb sie ruhig und kommentierte leise und lächelnd den Vorgang.

2.1.5 Mari - Situation 2

Als die Kinder aufgefordert wurden den Spielraum aufzuräumen, nahm Mari die Pfoten ihres Hundes in die Hände und räumte Gegenstände mit dem Hund in die Kisten. Währenddessen sprach sie mit dem Hund und erklärte, welches Spielzeug wohin gehört.

2.1.6 Milo - Situation 1

Milo ist ein 5-jähriger, aktiver Junge. Zum Frühstück hat er meistens Müsli mit Joghurt dabei. Als er hüpfend und singend von der Garderobe zum Tisch wollte, fiel sein Joghurtbecher auf den Boden und hinterließ eine kleine Pfütze. Ohne zu zögern hüpfte er lachend mit beiden Füßen in die kleine Pfütze und freute sich über die Spritzer im ganzen Raum. Anschließend wurde er aufgefordert die Spritzer mit einem Lappen weg zu wischen, was er so gut er konnte auch erledigte.

2.1.7   Milo - Situation 2

Auf dem Weg zum Spielplatz verlor Milo einen Schuh. Er blieb stehen und rief sehr laut: „Stopp, mein Schuh!". Daraufhin blieben alle stehen. Er zog sich den Schuh wieder an und nahm seinen Partner wieder an die Hand.

2.2 Reflexion der Beobachtungen

2.2.1 Einzigartigkeit der Persönlichkeiten

Die oben angeführten Beispiele sind alltägliche und bekannte Situationen. An ihnen wird die Individualität, die Einzigartigkeit der Kinder deutlich. Jedes Kind verhält sich anders und hat eigene Strategien entwickelt, um Erlebnisse zu verarbeiten. Situationen, die für das eine Kind kaum ein Hindernis darstellen, sind für andere kaum zu bewältigen. Manche Kinder nutzen Übergangsobjekte[9], um die auf sie einwirkende Situation zu kompensieren und zu bewältigen.

2.2.2 Reflexion der Anna-Situationen

Im Gegensatz zu den anderen Kindern, schafft es Anna scheinbar nicht in solchen Situationen einen Ausweg zu finden. Sie ist zunächst nicht ansprechbar. Sie versucht auch nicht auf sich aufmerksam zu machen, da sie nur sehr leise weint und nicht den Kontakt sucht. Sie lässt sich zwar in den Arm nehmen, weint aber weiter. Unser Ansatz in solchen Situationen ist bisher reaktiv und unbedacht gewesen. Wir haben uns keine Gedanken über methodische Vorgehensweisen gemacht und nur schnell die Situation bereinigt, indem wir den Schuh wieder anzogen, den Joghurt wegwischten und kurz trösteten. Nach meinem aktuellen Kenntnisstand sind unsere Ansätze zur Lösung des Problems nicht förderlich gewesen. Mit diesem Verhalten unsererseits haben wir ihr nur gezeigt, dass sie sich auf andere verlassen muss. Jemand hilft schon. Anstatt ihre Kompetenzen zu erkunden und ihre Eigenaktivität zu fördern, haben wir sie ungewollt darin verstärkt sich als hilfloses Opfer zu sehen. Somit läuft das Kind Gefahr auch alltägliche und kontrollierbare Situationen als unüberwindbar

---

[9] vgl. Bahrenberg 2016

einzustufen. Nach und nach ist das Kind auch nicht mehr gewillt zu versuchen, ob es vielleicht doch etwas bewirken könnte. Die Generalisierung der vermeintlich unüberwindbaren Situationen sorgen schließlich für ein Gefühl von Hilflosigkeit. Das Kind verliert jegliche Hoffnung und Motivation von sich aus aktiv zu werden. Martin E. Seligman deutet mit dem Modell der „erlernten Hilflosigkeit"[10] darauf hin, dass sogar schon mal bewältigte Hindernisse unüberwindbar scheinen. Emotionale Überreaktion und Verzweiflung hindern Anna daran, einen klaren Blick zu bewahren. Als Reaktion auf diese Situationen weint sie, da sie keinen Ausweg sieht. Wir sollten sie dabei unterstützen emotionale Stabilität zu erlangen, um angemessen auf Situationen reagieren zu können. So können wir sie nachhaltig darin unterstützen Selbstwirksamkeit zu erfahren und Resilienz auszubilden.

---

[10] vgl. Seligman 1979

2.3 Pädagogische & psychologische Theorien

Da erfolgreiche Resilienzförderung ein multifaktorieller Prozess ist[11], sollten passende Methoden und Theorien miteinander kombiniert werden. Nachfolgend werde ich kurz auf einige dieser Theorien eingehen und die wesentlichen Punkte zusammenfassend beschreiben.

2.3.1 Personenzentrierte Psychologie

Die personenzentrierte (oder klientenzentrierte) Psychotherapie betrachtet den Menschen als Experten seines Erlebens. Die Beratung findet in einer Atmosphäre statt, die von bedingungsloser Wertschätzung, Empathie und Kongruenz geprägt ist. Dadurch soll der Klient immer mehr Selbstvertrauen aufbauen, um eigenverantwortlich Entscheidungen zu treffen.

Um dem Kind die Möglichkeit zu geben sich zu entfalten und zu entwickeln ist es notwendig, ihm unbedingt wertschätzend und empathisch zu begegnen. Dieses bildet die Grundlage für Vertrauen und daraus resultierend sozialkognitives Lernen. Das bedeutet aber nicht, dass man alles, was das Kind tut, gutheißen muss. Aber als wertschätzende Bezugsperson kann man unerwünschtes Verhalten auf eine Ebene des Vertrauens und nicht der Schuldzuweisung begegnen. Nach Carl Rogers[12] ist unbedingte Wertschätzung ein übergeordnetes Bedürfnis und bei Erfülltsein führt sie dazu, dass sich das Kind geliebt und wertvoll fühlt. Dadurch befürchtet es nicht für Fehler bestraft zu werden und kann sich seiner Weiterentwicklung mit einem Gefühl der Geborgenheit konstruktiv widmen. Zudem ist die bedingungslose Wertschätzung ein wichtiger Schutzfaktor für das Kind, denn es fühlt sich bei seinen Vorhaben nicht alleingelassen und sicher. Es kann seiner Aktualisie-

---

[11] s. S. 2 und Anhang XI: „Starke Kinder"
[12] vgl. Rogers 1983

rungstendenz, also seinem Wunsch nach Entfaltung seiner Entwicklungsmöglichkeiten und seiner Unabhängigkeit nachkommen.

2.3.2 Behavioristische Lerntheorie

Behaviorismus ist ein objektiver Ansatz und verzichtet auf jegliche Introspektion. Menschliches Verhalten soll nur durch direkt Beobachtbares wissenschaftlich erklärt werden. Unter anderem beinhaltet die behavioristische Theorie die operante Konditionierung. Dieses Prinzip beschäftigt sich mit der Wirkung von Konsequenzen auf ein bestimmtes Verhalten.

Um Kindern das Gefühl von Selbstwirksamkeit und damit verbunden ein positives Selbstkonzept zu vermitteln, sollten sie stetig für bewältigte Herausforderungen und Aufgaben positive Resonanz seitens der pädagogischen Fachkräfte erfahren. Durch die positive Verstärkung[13] werden sie in ihrem Tun bestätigt. Das sollte dazu führen, dass sie künftig produktiver werden und mehr Eigeninitiative zeigen. Denn die Aussicht auf positive Reaktionen der Fachkräfte und Lob rufen angenehme Gefühle herbei. Nach B.F. Skinner ist positive Verstärkung ein Prozess, der durch Herbeirufen von angenehmen Konsequenzen dazu führt, dass ein Verhalten vermehrt gezeigt wird. Dabei sollte auf die Relativität der Verstärker geachtet werden. Die als Verstärker eingesetzten Konsequenzen sollten den aktuellen Bedürfnissen des Kindes entsprechen. Diese gilt es durch gezieltes Beobachten herauszufinden. Übernimmt ein Kind beispielsweise gerne Verantwortung und unterstützt die Fachkräfte bei täglichen Aktivitäten, wie den Tisch decken oder die Wäsche einräumen, können diese Tätigkeiten dem Kind dabei helfen vermehrt Selbstwirksamkeit bewusst

---

[13] vgl. Skinner 1974

zu erfahren. Das Lob, das das Kind erhält, verstärkt es dahingehend selbstbewusster diese Aufgaben zu erledigen.

2.3.3 Sozialkognitive Lerntheorie[14]

Die sozialkognitive Lerntheorie geht davon aus, dass Menschen (und viele Tiere) durch Beobachten eines Vorbildes ein bestimmtes Verhalten lernen können. Die erfolgreiche Handlung des Modells, die Handlung an sich und das Modell sollten - laut dieser Theorie - für den Beobachter attraktiv sein. Der Lernerfolg hängt von der Selbstwirksamkeit des Beobachters und seiner aktuellen Gefühlslage ab.

Ein 2,5-jähriger Junge kam weinend zu mir und sprach sehr unverständlich. Ein 4-jähriges Mädchen, das neben uns stand, drehte sich zu dem Jungen um und sagte: „Mit Weinen löst man überhaupt keine Probleme. Was ist denn passiert?", diesen Satz hat sie schon oft von ihrem Erzieher gehört. Kinder sind unheimlich aufmerksam und beobachten ständig ihre Umwelt. Sie kopieren ihre Vorbilder und Medienhelden und imitieren diese in Rollenspielen und im Alltag. Daher scheint ein angemessenes Verhalten im Beisein von Kindern besonders in Problemsituationen notwendig. Damit Kinder in schwierigen Situationen Ruhe bewahren können, brauchen sie Vorbilder, an denen sie sich orientieren. Die Fachkräfte können bewusst Situationen gestalten, in denen sie bestimmte Verhalten trainieren wollen. Dabei sollten bestimmte Merkmale beachtet werden.[15] Die Fachkraft sollte für das Kind attraktiv und glaubwürdig sein und dessen Aufmerksamkeit haben. Das zu lernende Verhalten sollte deutlich ausgeführt werden und zum Erfolg führen. Das Kind sollte die kognitiven und physischen Fähigkeiten besitzen, das gewünschte Verhalten zu reproduzieren. Anschlie-

---

[14] vgl. Bandura 1971
[15] vgl. Anhang V: Lernen am Modell

ßend wird das Kind durch Verstärkung, z.B. durch Lob von den Fachkräften, motiviert das Verhalten beizubehalten.

Laut der Shell Jugendstudie[16] nähern sich Eltern den Wunschvorstellungen ihrer Kinder und werden immer mehr als erzieherische Vorbilder wahrgenommen. Dieses Ergebnis bedeutet, dass die Eltern auf das Verhalten ihrer Kinder einen beträchtlichen Einfluss haben und diesen Einfluss bewusst in der Erziehung einsetzen können.

2.3.4 Resilienz und Vulnerabilität

„Resilienz meint eine psychische Widerstandsfähigkeit von Kindern gegenüber biologischen, psychologischen und psychosozialen Entwicklungsrisiken."[17] Zum einen legt das Konzept der Resilienz den Fokus auf die erfolgreiche Bewältigung schwieriger Situationen durch die Kompetenzen und Stärken des Einzelnen; zum anderen wird das Kind aufgrund Einsatz seiner Ressourcen als aktiver Gestalter seines Lebens betrachtet. Es wird danach gefragt, welche Bewältigungskapazitäten aufgebaut und gefördert werden können und wie Stressbewältigung individuell stattfindet. Kinder sollen dazu ermutigt werden, sich aktiv an der Bewältigung einer Problemsituation zu beteiligen. Eine erfolgreiche Bewältigung fördert die Selbstwirksamkeit und führt zu einem positiven Selbstbild des Kindes. Um Ressourcen aufzubauen, ist es förderlich äußere risikomildernde Bedingungen (z.B. eine sichere, anregende Umgebung, vertrauensvolle Beziehung) zu schaffen. Diese Ressourcen teilen sich in kindbezogene Faktoren (angeborene, personale Ressourcen) und soziale Ressourcen auf. Die sozialen Ressourcen beinhalten die schützenden Bedingungen in der Familie (Wohlstand,

---

[16] vgl. Anhang X: Shell Jugendstudie 1954-2019
[17] Wustmann 2011: S. 18

gesunde Beziehung zu den Eltern) und die des außerfamiliären sozialen Umfeldes (z.B. Erzieher als Rollenmodelle, Freunde).[18]

Vulnerabilität bezieht sich - im Gegensatz zu Resilienz - auf Prädispositionen der Kinder unter Belastung von Risikosituationen Verhaltensstörungen zu entwickeln.[19] Sie beschreibt die Verwundbarkeit und Verletzbarkeit einer Person, und die höhere Bereitschaft gegenüber äußeren, ungünstigen Einflussfaktoren psychische Krankheiten zu entwickeln.[20] Vulnerabilität ist - wie Resilienz - als ein transaktionaler und multifaktorieller Prozess zu verstehen. *Primäre Vulnerabilitätsfaktoren* sind solche, die angeboren sind (z.B. ein genetischer Defekt oder geringe kognitive Fähigkeiten). *Sekundäre Vulnerabilitätsfaktoren* werden im Laufe des Lebens in der Auseinandersetzung mit der Umwelt erworben. Hinzu kommen *Risikofaktoren* aus dem sozialen Umfeld des Kindes (z.B. kriminelle oder drogenabhängige Eltern). Risikobedingungen zu einem bestimmten Zeitpunkt, z.B. ein schockierendes Erlebnis, werden *diskrete Faktoren* genannt. Faktoren, wie z.B. chronische Armut, stellen eine Belastung im gesamten Entwicklungsverlauf dar und werden *kontinuierliche Faktoren* genannt. *Proximal-Faktoren* sind solche, die direkt auf das Kind wirken (z.B. Prügel). *Distale Faktoren* wirken durch Mediatoren indirekt auf das Kind (Armut wirkt durch die Eltern-Kind-Interaktion).[21]

Beide Konzepte beschäftigen sich mit der Überwindung von schwierigen Situationen und mit Stressbewältigung. Der Unterschied zwischen dem Konzept der Resilienz und der Vulnerabilität ist sehr deutlich: Während Vulnerabilität defizitorientiert angesetzt ist, beschäftigt sich

---

[18] vgl. Anhang VI: Risikoerhöhende und -mildernde Bedingungen in der kindlichen Entwicklung
[19] vgl. Wustman 2011: S. 22
[20] vgl. Fingerle 2000
[21] vgl. Wustmann 2011: S. 37

das Resilienzkonzept grundsätzlich damit, was Kinder „stärkt" und ist damit ein ressourcenorientiertes Konzept.

2.3.5 Entwicklungsaufgaben und Stressbewältigung

Im Laufe ihrer Entwicklung durchlaufen Kinder unterschiedliche Phasen, denen bestimmte Entwicklungsaufgaben zugeordnet werden.[22] Der Umgang mit stressigen Situationen ist stark vom erfolgreichen Bewältigen dieser Aufgaben abhängig. Diese Aufgaben beinhalten neben Impulskontrolle auch kognitive Bereiche und soziale Kompetenzen. Des weiteren stehen Kinder vor den Herausforderungen zahlreicher Transitionen[23]. Diese kritischen Situationen sind Phasen erhöhter Vulnerabilität, in denen Risikofaktoren stärker auf das psychosoziale Funktionsniveau wirken.[24] Transitionen sind Übergänge zwischen unterschiedlichen Lebenssituationen, die mit einem hohen Stressfaktor verbunden sind. Der Übergang eines Kindes von Zuhause in eine Krippeneinrichtung, von der Krippe in die Elementargruppe oder aus der Kindertageseinrichtung in die Schule sind Beispiele für Transitionen.

Das Entwickeln von Impulskontrolle in der mittleren Kindheit ist für das Bewältigen von stressigen Situationen besonders wichtig. Es ist hilfreich, die eigenen Gefühle im Griff zu haben, damit es nicht zu impulsiven Überreaktion kommt. Denn die Auseinandersetzung mit Stress ist eine aktive Tätigkeit des Kindes im Resilienzprozess. Die Stresssituation wird zunächst durch das Kind wahrgenommen und bewertet. Um eine Stresssituation zu überwinden, werden dann Bewältigungs- bzw. Coping-Strategien eingesetzt. Im Prozess von Stressbewältigung sind risikomildernde Bedingungen (Schutzfakto-

---

[22] vgl. Anhang VII, Beispiele für Entwicklungsaufgaben
[23] vgl. Anhang VIII, Transitionsprozess
[24] vgl. Wustmann 2011: S. 31

ren) sehr wichtig und erhöhen die Wahrscheinlichkeit gegenüber Belastungen standhafter zu sein. Diese Bedingungen beinhalten die *Schutzfaktoren des Umfeldes* (familiäre und soziale Ressourcen) - wie z.b. stabile Bindung zu den Eltern oder positive soziale Modelle für ein erfolgreiches Bewältigungsverhalten – und die *personalen Ressourcen* (Eigenschaften des Kindes). Die personalen Ressourcen beinhalten die *kindbezogenen Ressourcen* (z.b. kognitive Fähigkeiten) und die *Resilienzfaktoren*. Resilienzfaktoren sind Eigenschaften des Kindes, die es bei der Bewältigung der Entwicklungsaufgaben oder schwierigen Situationen erwirbt. Dazu gehören u.a. Selbstwertgefühl, das Gefühl von Selbstwirksamkeit und ein aktives Bewältigungsverhalten.

Diese Ausführung macht deutlich, wo Resilienzförderung ihren Ansatz finden kann. Zum einen können die Resilienzfaktoren gefördert werden (z.b. durch positive Wertschätzung des Kindes oder Modelle als erfolgreiche Vorbilder), zum anderen können die umgebungsbezogenen Schutzfaktoren ausgebaut werden (z.b. positive Beziehung zu den pädagogischen Fachkräften oder Freunden).

2.3.6 Bewältigungsstrategien

Damit sich ein Kind aktiv mit einer Problemlösung für eine stressige Situation beschäftigen kann, sollte es Coping- bzw. Bewältigungsstrategien entwickeln. Dadurch kann es sich Ziele setzen und daran arbeiten, diese zu erreichen. Coping beschreibt die Bemühungen einer Person psychisch eine herausfordernde Situation zu bewältigen. Sie schätzt zunächst die Situation als eine Herausforderung ein und vergleicht diese mit bisherigen Erfahrungen. Ob und in welchem Maße die Situation als bedrohlich wahrgenommen wird, hängt von dem Selbstbild des Einzelnen ab. Im Anschluss folgt eine Bewertung der eigenen Handlungsmöglichkeiten. Die sich daraus ergebenden Handlungsabsichten werden *Bewältigungs-* bzw. *Coping-Strategien* genannt. Diese Strategien werden zwei verschiedenen Formen zugeordnet. Gilt es ein Stressereignis zu vermeiden, so spricht man von *defensive Coping-Strategien*. Will man sich aber mit der Situation auseinandersetzen, so spricht man von *aktive Coping-Strategien*. Diese Strategien werden weiterhin in *problemzentrierte* und *emotionsorientierte* Strategien eingeteilt.

Die problemzentrierte Coping-Strategie bezieht sich konkret auf die Umwelt, das eigene Verhalten und die eigenen Bewertungsprozesse bezüglich einer Situation. Es gilt die stressverursachende Situation zu bewältigen. Somit sind diese Strategien auf Problemlösungen ausgerichtet. Hierzu kann man sich durch Erwerb neuer Fertigkeiten an die veränderte Umwelt anpassen oder durch Veränderung der Situation das Problem lösen. Es wäre auch möglich, die Wahrnehmung der Situation durch Veränderung der eigenen Bewertungsprozesse zu ändern.[25] Emotionsorientierte Coping-Strategien sind solche, die zu einer Regulierung der emotionalen Reaktion eingesetzt werden. Ziel ist es, sich zu entspannen und zu beruhigen. Es geht nicht darum, die stressverursachende Situation zu klären. Diese Strategien sind auf Selbstschutz ausgerichtet.[26] Klein-Heßling und Lohaus klassifizieren Coping-Strategien in Kategorien. Im Anhang VII sind beispielhaft einige Coping-Strategien kategorisiert und mit eventuellen Reaktionsformen aufgelistet. Problemzentrierte Coping-Strategien kommen in bereits bekannten und kontrollierbaren Situationen zum Einsatz. Diese Strategien werden schon in der frühen Kindheit erlernt und verwendet. Wird die Situation aber als unüberwindbar eingestuft, so

---

[25] vgl. Wustmann 2011: S. 76-78
[26] vgl. Zimbardo 1995

wird auf emotionsorientierte Coping-Strategien zurückgegriffen. Diese werden erst später im Laufe der mittleren Kindheit erworben.

Laut Klein-Heßling und Lohaus[27] haben Kinder große Schwierigkeiten bei der Einschätzung der Kontrollierbarkeit der Situation. Das Erleben von Unvorhersagbarem bzw. Unkontrollierbarem kann zur Entwicklung unsicheren Verhaltens führen. Ein Kind hat keine Anhaltspunkte für das Zutragen solcher Ereignisse. Unvorhersehbarkeitsbedingungen können bei Kindern Schuldgefühle hervorrufen, da sie die Ursache der Umstände auf sich selbst projizieren.[28] Zudem kann die Fehleinschätzung der Situation zur Auswahl ungeeigneter Bewältigungsstrategien führen. Erfolglose Strategien führen zur Akkumulation von Stressoren. Dadurch verschlimmert sich die Stresssituation, was zu einer Beschädigung des Selbstbildes und der Selbstwirksamkeit des Kindes führen kann.[29]

Die folgende Tabelle zeigt fünf effektive Copingformen, die eine Erleichterung der Verarbeitung einer Stresssituation herbeirufen können.[30]

---

[27] vgl. Klein-Heßling und Lohaus (2000)
[28] vgl. Wustmann 2011: S. 50
[29] vgl. Lazarus 1984
[30] vgl. Lazarus 1984

Informationssuche	Als Grundlage zur Neueinschätzung der stressreichen Situation oder zur Auswahl bestimmter Coping-Strategien
Direkte Aktion	Zur Linderung der Stresssituation sowie zur Bewältigung konkreter Aufgabenstellungen, d.h. Verhaltensweisen, mittels derer eine Person versucht, belastende Ereignisse in den Griff zu bekommen
Aktionshemmung	Zum Unterdrücken bestimmter Handlungen, welche die Situation möglicherweise verschlechtern würden, zugunsten effektiverer Verhaltensweisen
Intrapsychische Bewältigungsformen	Zur Regulation von Emotionen, z.B. emotionale Distanzierung, Rationalisierung
Suche nach sozialer Unterstützung	Aktives Aufsuchen sowie Inanspruchnahme von Unterstützung durch andere

2.3.7 Ökosystemischer Ansatz[31]

Nach dem ökosystemischen Ansatz von Urie Bronfenbrenner unterteilt sich das Ökosystem des Menschen in unterschiedliche Subsysteme. Dabei ist mit „Ökologie" die Interaktion zwischen Menschen und ihrer Umwelt gemeint. „System" beschreibt dabei die interaktionalen Komponenten. Im „Mikrosystem" können Personen ihre Beziehung zu den zum System zugehörigen Personen beeinflussen und mitgestalten (z.B. Kind und LehrerIn/Kind und Mutter). Das „Mesosystem" beschreibt die gegenseitige Beeinflussung der „Mikrosysteme" (z.B. Eltern und Schule). Ein „Exosystem" hat zwar direkten

---

[31] vgl. Bronfenbrenner 1979

Einfluss auf die Person, diese hat aber keinen Einfluss auf das System (z.B. LehrerIn und Schule/Eltern und Arbeitsplatz). Die Gesellschaft und die damit verbundenen Normen werden als „Makrosystem" bezeichnet. Die verschiedenen Phasen der Entwicklung über die Zeit wird „Chronosystem" genannt (z.B. Elternhaus → Kita → Schule)[32].

Dieser Ansatz ist daher von Interesse, da Kinder in verschiedenen „Mikrosystemen" verschiedene Erfahrungen machen. Die Eltern behandeln das Kind in einer „stressigen" Situation anders als die Großeltern oder die ErzierInnen in einer ähnlichen Situation. Für eine effektive Resilienzförderung ist ein „(…) Struktur gebendes Erziehungsklima (...)"[33], an dem sich das Kind orientieren kann, sehr wichtig. Daher sollten allgemein geltende Regeln mit den Bezugspersonen besprochen werden damit Kinder sich in bestimmten Situationen an bekannten Strukturen sicher orientieren können. Zudem beziehen sich risikomildernde Bedingungen auf personale und soziale Ressourcen, die sich in die Bereiche Kind, Familie und soziales Umfeld aufteilen. Da diese Bereiche miteinander interagieren und aufeinander wirken, sollten sie immer ungetrennt betrachtet werden.

---

[32] vgl. Anhang IV: Ökosystemisches Modell nach Urie Bronfenbrenner
[33] Lösl und Bender 2008: S. 57

2.4 Ergebnisse empirischer Studien

An dieser Stelle möchte ich kurz die Ergebnisse einiger Studien der Resilienzforschung zusammenfassen. Ich habe mich auf die von Wustmann beschriebenen Studien begrenzt, da diese den besonderen Wert der außerfamiliären Bezugspersonen im Resilienz-Zusammenhang verdeutlichen.

Die „Kauai-Längsschnittstudie"[34] beschäftigte sich mit Kindern, die sich trotz schwieriger Lebensbedingungen zu kompetenten Erwachsenen entwickelten. Die Studie begann 1955 mit dem direkten Vergleich von resilienten und nicht-resilienten Kindern. Der Fokus der Studie lag auf den Auswirkungen von Risikobedingungen in der frühen Kindheit auf die psychische Entwicklung der Kinder. Die Daten der 698 Kinder wurden durch Interviews und Beobachtungen über 40 Jahre gesammelt und verglichen. Förderliche soziale Beziehungen waren laut dieser Studie wichtige Schutzfaktoren, um schwierige Lebensbedingungen zu bewältigen.

Die „Mannheimer Risikokinderstudie" untersucht seit 1985 Kinder, die bereits bei der Geburt durch organische oder psychosoziale Belastungen entwicklungsgefährdet sind. Das Ziel der Studie ist es u.a. präventive Maßnahmen gegen psychische Störungen zu entwickeln. Auch diese Untersuchung ist als Längsschnittstudie angelegt und begleitet 362 Kinder. Die Mutter-Kind-Interaktion wurde bei dieser Studie besonderer Wert zugesprochen und wurde für die sozial-emotionale Entwicklung des Kindes als besonders relevant eingestuft.[35]

---

[34] vgl. Wustmann 2011: S. 87-89
[35] vgl. Wustmann 2011: S. 89-92

Die „Bielefelder Invulnerabilitätsstudie" untersuchte die seelische Widerstandskraft besonders unterprivilegierter Jugendlicher aus der Heimerziehung. Es wurden Kinder, die sich trotz hoher Risikobelastungen positiv entwickelten mit Kindern verglichen, die ausgeprägte Verhaltensstörungen aufwiesen. Mit Hilfe von Interviews und Selbsteinschätzungsbögen wurden verschiedene Merkmalsbereiche untersucht. Die individuelle Wahrnehmung von Belastung hatte auf die Entwicklung der Kinder einen großen Einfluss. Zudem wurde die besondere Bedeutung von Rollenvorbildern und stabile Beziehungen zu den ErzieherInnen deutlich.[36]

Die Untersuchungen zeigen, dass fürsorgliche Personen außerhalb der Familie „im Hinblick auf direkte Unterstützungsleistungen als auch im Hinblick auf positives Modellverhalten"[37] zur Förderung der Resilienzfaktoren beitragen können. Positive Verstärkung steigert zudem die Anstrengungsfähigkeit und die Leistung der Kinder. Zusätzlich zu diesen sozialen Ressourcen sind auch personale Ressourcen (z.B. Selbstregulation, Problemlösefähigkeiten, aktives und flexibles Bewältigungsverhalten) wichtige Faktoren für eine gesunde Resilienz.

---

[36] vgl. Wustmann 2011: S. 92-95
[37] Wustmann 2011: S. 114

2.5 Theoriegeleitetes Handeln

2.5.1 Grundsätzliches

Die oben angeführten Aspekte zeigen, dass Resilienzförderung ein weites Spektrum an theoretischem Wissen voraussetzt. Dieses Wissen hilft dabei, Ansatzpunkte besser zu erkennen und angemessene pädagogische Angebote zu planen. Damit eine geplante Förderung auch Wirkung zeigt, sollte das Kind die Fachkraft annehmen und akzeptieren. Daher sollten folgende Bedingungen erfüllt sein:

- Jegliches Handeln der Fachkraft sollte authentisch sein.
- Das Kind sollte die Fachkraft als ein vorbildliches Modell empfinden.
- Es sollte eine vertrauensvolle Beziehung zwischen dem Kind und der Fachkraft existieren.
- Das Kind sollte unbedingte Wertschätzung seitens der pädagogischen Fachkraft erfahren.

Anna wird in Stresssituationen von ihren Gefühlen überfordert. Sie kann die Kontrollierbarkeit der Situation nicht richtig einschätzen. Dadurch wird ihr Handeln gehemmt und sie erlebt eine unüberwindbare Hürde. Anna sollte bei der Entwicklung von emotionsorientierten Bewältigungsstrategien unterstützt werden, um emotionale Überreaktionen zu dezimieren. Zudem sollte sie vermehrt Selbstwirksamkeit erfahren, um sich ihrer Fähigkeiten bewusst zu werden und um Lösungen ihrer Probleme aktiv zu gestalten. Dazu sollten ihre Interessen und Ressourcen durch gezieltes Beobachten erkannt werden. Anna hört gerne Geschichten und verarbeitet ihre Erlebnisse in ihren Bildern. Sie übernimmt auch gerne Verantwortung und hilft bei den täglichen Aufgaben in der Kita.

2.5.2 Präventive Ansätze

Im ersten Schritt sollte Anna ermutigt werden, ihre Gefühle zu erkennen und darüber zu sprechen. Hierzu kann man mit Geschichten[38] aus ihrer Lebenswelt arbeiten und dabei gezielt die Aufmerksamkeit auf die Gefühle der Akteure lenken. Es ist auch möglich, eine Geschichte mit ihr zu entwickeln. Diese Akteure sprechen in verschiedenen schwierigen Situation über ihre Gefühle (Freude, Frust, Hilflosigkeit, ...). Sie wird dann nach dem Befinden bestimmter Figuren in bestimmten Situationen gefragt und soll ihre Ansicht zu deren Gefühlen schildern. Wenn sie sich mit dem Helden der Geschichte identifizieren kann - z.B. weil er in ähnliche Situationen wie Anna gerät und diese erfolgreich bewältigt - wird sie sich in Rollenspielen mit der Geschichte auseinandersetzen und Situationen nachspielen. Der Held kann sich für sie zu einem Modell - als erfolgreiches Vorbild - entwickeln. Das Erkennen und Benennen von Gefühlen helfen ihr bei der Entwicklung von wichtigen Resilienzfaktoren wie Impulskontrolle und Gefühlsregulation. Vielleicht stellt sie sich in einer Stresssituation die Frage: „Was würde mein Held tun?"

Im zweiten Schritt kann sie Bilder zu den Geschichten malen, auf denen sie Lösungen für ihr bekannte Probleme darstellt oder alternative Lösungsmöglichkeiten für die Charaktere der Geschichten entwickelt. Das Bild kann als Anlass für ein aufbauendes Gespräch dienen, in dem ihre Kreativität gelobt und sie motiviert wird, weiterhin produktiv zu sein. Lob wird bewusst als Verstärker eingesetzt, um Verhaltensmodifikationen herbeizuführen. Positive Verstärkung und Wertschätzung stärken ihr Selbstbild und damit ihr Selbstwertgefühl. Sie merkt, dass sie etwas geschaffen hat und erfährt Selbstwirksamkeit.

---

[38] Im Anhang IX ist eine kleine Auswahl an Kinderbüchern zum Thema Gefühle aufgelistet.

Auch alltägliche Situationen (den Tisch decken, bei der Wäsche helfen) können bewusst zur Förderung eingesetzt werden. So lernt Anna Verantwortung zu tragen und damit wird ihr Selbstwirksamkeitsgefühl gestärkt. Dabei kann sie das Verhalten der Erwachsenen nachahmen, da deren Position als Rollenmodelle für sie interessant ist. Der Verstärker bei solchen Aktivitäten ist die Aktivität selbst und die damit verbundene Verantwortung. Natürlich folgt auch hier nach erfolgreichem Abschluss ein verstärkendes Lob.

Die oben genannten Aktivitäten stärken nicht nur die Resilienzfaktoren, sondern können gleichzeitig als Schutzfaktoren des Umfelds bewertet werden. Anna wird von authentischen Fachkräften wertschätzend begleitet, die sie als positive Modelle wahrnimmt. In dieser von Wertschätzung geprägten Atmosphäre fühlt sie sich geschützt und kann sich der Entfaltung ihrer Persönlichkeit widmen.

2.5.3 In der Situation

Sollte Anna sich in einer Situation befinden, aus der sie nicht mehr hinaustreten kann, so benötigt sie eine emotionale Ablenkung, damit sie die Möglichkeit bekommt, die Situation neu einzuschätzen. Hierbei kann man Vergleiche aus ähnlichen Situationen herbeiziehen, in denen Anna bereits erfolgreich war. Zuerst sollte die Fachkraft beruhigend auf sie einwirken und den Auslöser der Situation herausfinden. Nun kann Anna ihre Gefühle beschreiben und den Grund für ihr Befinden in Worte fassen. Gemeinsam kann eine angemessene Bewältigungsstrategie ausgearbeitet und das Problem gelöst werden. Anschließend wird Anna für ihre Bemühungen und für den gefundenen Ausweg gelobt. Sie kann sich mit dieser Situation in ihren Bildern, wie oben beschrieben, auseinander setzen und künftig auf ähnliche Situationen mit einer Coping-Strategie reagieren.

Eine Beseitigung des Problems durch die Fachkräfte ist nicht förderlich. Das würde dem Kind die Gelegenheit nehmen selbst aktiv zu werden. Es ist angebracht dem Kind ko-konstruktiven Beistand zu geben und gemeinsam Lernprozesse zu ermöglichen. Die Unterstützung bei der eigenständigen Lösung des Problems stärkt das Selbstbild durch das Erleben von Selbstwirksamkeit.

2.5.4 „Stresskiller" & „Megastresser"

Hampel und Petermann haben ein „Anti-Stress-Training für Kinder"[39] entwickelt. In diesem Programm werden einfache Regeln aufgestellt, die sich auf Coping-Strategien beziehen. Das Training beinhaltet das Heranführen an günstige Strategien, die sie als „Stresskiller" bezeichnen und zeigt auch die Auswirkungen ungünstiger Strategien auf („Mega-Stresser"). Zwar ist die Zielgruppe Kinder ab 8 Jahren, aber viele dieser Regeln lassen sich auch im Elementarbereich anwenden. In der folgenden Tabelle sind die „Mega-Stresser" und die „Stresskiller" aufgelistet.

„Mega-Stresser"	
Coping-Strategie	**Regel**
Vermeidung	Ich gehe dem Stress lieber aus dem Weg!
Flucht	Nichts wie weg!
Soziale Abkapselung	Ich igel mich ein!
Gedankliche Weiterbeschäftigung	Ich grüble ständig über das Problem!
Resignation	Ich schaffe das nie!
Aggression	Ich gehe erst mal in die Luft!

---

[39] vgl. Hampel & Petermann 1998

„Stresskiller"		
Kategorie	**Coping-Strategie**	**Regel**
	Suche nach sozialer Unterstützung	Ich bitte jemanden um Hilfe!
Emotionsregulierend	Bagatellisierung	Alles halb so schlimm!
Emotionsregulierend	Ablenkung	Ich denke an etwas anderes!
Emotionsregulierend	Reaktionskontrolle	Ich muss mich erstmal in den Griff kiregen!
Emotionsregulierend	Entspannung	Ich entspanne mich erstmal!
Emotionsregulierend	Erholung	Nach einer Pause geht alles besser!
Problembezogen	Situationskontrolle	Erst einmal einen Plan machen!
Problembezogen	Positive Selbstinstruktion	Ich mache mir Mut!
Problembezogen	Leugnen	Ich habe doch keinen Stress!

Stressbewältigungsstrategien[40]

Diese Tabelle kann unterstützend zu den obengenannten Methoden verwendet werden. Die Regeln sind verständlich formuliert und bieten eine angemessene Grundlage für ein konstruktives Gespräch. Besonders wichtig ist die kontinuierliche Förderung der Kinder, damit sie Gelerntes regelmäßig anwenden und ausbauen können.

Wustmann zählt einige Kompetenzbereiche auf und stellt einige Handlungsempfehlungen zur Förderung dieser Bereiche vor. Ich empfand diese Handlungsmaxime als sehr bereichernd und erwähnenswert. Aus diesem Grund habe ich sie im Anhang IX dargestellt.

---

[40] Modifizierte Darstellung, vgl. Hampel & Petermann 1998: S. 29f

Natürlich kann diese Tabelle[41] erweitert werden, da Resilienzfaktoren auf verschiedene Weise und sehr individuell gefördert werden können. Die Inhalte der Tabelle können im erzieherischen Alltag als eine Hilfestellung zur Entwicklung wichtiger Lebenskompetenzen genutzt werden.

---

[41] Wustmann 2011: S. 134f

3 Fazit & Ausblick

3.1 Erkenntnisgewinn

An erster Stelle möchte ich betonen, dass der Umfang und die Bedeutung von Resilienz weitaus größer ist, als ich es vermutet hatte. Die konzeptionellen Ansätze, die direkt auf bestimmte Teilbereiche wirken, haben mir viele neue Ideen zur Resilienzförderung gegeben. Meine vorherige Sichtweise war sehr defizitorientiert und eher auf ungünstige Lebensbedingungen und fehlende protektive Merkmale gerichtet. Resilienzfaktoren wie Vorstellungskraft und Phantasie hatte ich außer Acht gelassen. Der Stellenwert von realen und fiktiven Vorbildern ist in diesem Zusammenhang von großer Bedeutung, da sie Orientierung geben und Werte vermitteln. Ein weiterer wichtiger Punkt ist, dass nicht jedes Kind mit der gleichen Coping-Strategie erfolgreich sein kann. Ein ruhiges, zurückhaltendes Kind wird andere Strategien einsetzen als ein aktives und freches Kind. Daher sollte man die Charaktereigenschaften der Kinder kennen und sie individuell fördern. Dabei ist zu bedenken, dass Resilienz nicht irgendwann „fertig" ist. Erfolgreich bewältigte Situationen stärken zwar die Widerstandsfähigkeit auf bestimmten Gebieten, aber an anderer Stelle kann das Kind noch sehr verletzlich sein. Daher beschreibt Resilienz weniger einen „festen" Zustand, als eine sich immer verändernde Größe, abhängig von den Erfahrungen und Eigenschaften des Einzelnen.

Somit ist meine Eingangsfrage bezüglich meiner Entwicklung für mich beantwortet. Meine Großmutter ermutigte uns Bücher zu lesen und half uns bei philosophischen Interpretationen von Gedichten. Sie legte besonderen Wert auf Geschichte, historische Werke, Mythen und Heldensagen. Noch heute begleiten mich Ihre Geschichten und die Texte, die wir gemeinsam lasen. Diese hatten enormen Einfluss auf meine Kreativität und Vorstellungskraft, welche als bedeutsame Resilienzfaktoren gelten. Ich orientierte mich an diesen Helden und deren Wertvorstellung. Zudem war sie stets der sichere Hafen in meinem Leben, denn sie war immer unvoreingenommen für mich da. In meiner Zeit im Kinderheim begleitete mich Ute, eine Erzieherin die mir näher stand als meine eigene Mutter. Auch sie ermutigte mich zu lesen und brachte mir viele Bücher. Wir sprachen anschließend über diese Bücher und interpretierten deren jeweiligen Inhalt. Sie hat mich ebenfalls besonders geprägt und war für mich ein bedeutendes Vorbild.

Bezüglich Anna habe ich erkannt, dass ich ihr in schwierigen Situationen am besten helfen kann, wenn ich ihr die Möglichkeit gebe und sie ermutige, sich selbst zu helfen. Ich sollte ihr unterstützend und ko-konstruktiv zur Seite stehen, damit sie sich behütet fühlt und die Umgebung erhält, die sie für die Entwicklung von Resilienzfaktoren braucht.

3.2 Fazit

Die Erziehungsprozesse in der frühen Kindheit haben einen beträchtlichen Einfluss auf die Entwicklung von Resilienzfaktoren. Wir sind als pädagogische Fachkräfte maßgeblich an der Erziehung der Kinder beteiligt. Besonders in den Kindertageseinrichtungen haben wir die Möglichkeit präventiv zu arbeiten und mögliche Entwicklungsrisiken bereits frühzeitig zu beseitigen. Durch die besondere Nähe zu den Eltern ist es uns möglich multimodale Fördermaßnahmen zu konzipieren. Wir können eine sichere und kindgerechte Umgebung schaffen, in der Kinder sorglos Talente und Fähigkeiten entwickeln können. Wir sollten diese individuellen Fähigkeiten und Stärken wahrnehmen, um gezielt Aktivitäten für jedes Kind zu gestalten. Ein ressourcenorientiertes Arbeiten, das individuelle Fähigkeiten anspricht, ist der Grundstein für Resilienzförderung. Der besondere Stellenwert von Bewältigungsstrategien und Maßnahmen zu deren Entwicklung dürfen nicht außer Acht gelassen werden. Dazu sollten Projekte zur Förderung von Kreativität und Problemlösefähigkeit angeboten werden.

Die Kinder brauchen Vorbilder, an denen sie sich orientieren können. Aus diesem Grund sollte man den Kinder immer mit Bedacht und Feingefühl entgegentreten. Man sollte sich in deren Lebenswelt auskennen und Angebote ihren Interessen entsprechend gestalten. Ihre Helden sollten ihnen möglichst ähnlich sein und ähnliche Probleme zu bewältigen haben. So können sich Kinder besser mit dem Held identifizieren. Sie fühlen mit ihm und entwickeln Empathie. Gefühle sollten verbalisiert werden. Es ist notwendig Kinder nach ihrer Gefühlslage und Meinung zu fragen. Sie sollten sich ernst genommen und verstanden fühlen. Bedingungslose Wertschätzung wird zur Folge haben, dass Kinder sich, ohne Angst vor Fehlern, ausprobieren können. All das setzt qualifiziertes Personal voraus.

3.3 Ausblick

Die primäre Aufgabe der pädagogischen Fachkräfte ist die Arbeit am Kind. Leider neigen viele Arbeitgeber dazu ErzieherInnen mit Hauswirtschaftskräften zu verwechseln. Dadurch wird ihnen die Zeit genommen, die für die Entwicklung der Kinder so wichtig ist. Der Mangel an qualifiziertem und motiviertem Personal gefährdet ebenfalls die Qualität der Arbeit. Pädagogische Projekte werden ignoriert und die Kindertagesstätten verkommen zu Kinderaufbewahrungsanstalten. Viel zu große Gruppen und viel zu wenig Fachpersonal erlauben keine individuellen Angebote. Besonders in sozial schwachen Gebieten wird man den besonderen Bedürfnissen der Kinder nicht gerecht.

Ich möchte dennoch meinen Teil dazu beitragen, den Lehrauftrag zu erfüllen und den Kindern bei der Bewältigung ihrer Entwicklungsaufgaben zur Seite stehen. Ich möchte die gewonnenen Erkenntnisse aus dieser Arbeit nutzen, um künftig Fähigkeiten der Kinder besser zu fördern und ressourcenorientiert zu arbeiten.

35

3.4 Praxis

Ich habe angefangen, soweit es zeitlich möglich ist, methodisch mit Anna zu arbeiten. Sie malt viele Bilder und nutzt diese, um mir ihre Erlebnisse zu schildern. Sie kann sehr gut ihre Gefühle beschreiben und spricht über Dinge, die sie beschäftigen. Dort setzen wir an und versuchen gemeinsam alternative Handlungsmöglichkeiten zu erarbeiten. Sie ist lösungsorientiert und sehr kreativ. Ich gebe ihr kleine Aufgaben, die sie verantwortungsvoll und mit Freude erledigt. Beispielsweise deckt sie den Tisch und füllt die Wasserkannen. Lässt sie etwas fallen, so räumt sie es weg und sagt: „Das kann doch mal passieren!" Sie fordert anschließend die anderen Kinder auf, ihre Hände zu waschen und zum Tisch zu kommen. Diese kleine Tätigkeiten erfüllen sie mit Stolz. Sie erzählt auch ihren Eltern davon, wie toll sie ganz alleine Aufgaben erledigt hat. Dennoch ergeben sich hin und wieder Situationen, in denen sie keinen Ausweg findet und weinend in alte Muster zurückfällt. Anstatt - wie früher - den Auslöser des Problems zu beseitigen, beruhige ich sie zuerst und lasse sie mir die Situation aus ihrer Sicht beschreiben. Anschließend fordere ich sie auf, mir eine Lösung vorzuschlagen. Das Ergebnis war bisher sehr zufriedenstellend. Inzwischen ist sie diejenige, die anderen Kindern hilft, ihre Probleme zu lösen.

Ein 2,5-jähriger Junge kam weinend zu mir und sprach sehr unver-
ständlich. Anna, die neben uns stand, drehte sich zu dem Jungen um
und sagte: „Mit weinen löst man überhaupt keine Probleme. Was ist
denn passiert?"[42]

---

[42] s. S. 14

4 Literaturverzeichnis

Bahrenberg, Colja 2016: Übergangsobjekte und Übergangsphänomene. Bedeutsame Begleiter des Kindes in seiner frühen Entwicklung. In: Theorie und Praxis der Sozialpädagogik, 1/2016, S. 32-35.

Bandura, Albert 1971: Psychological Medeling. Chicago: Aldine & Atherton Inc., S. 24.

Bronfenbrenner, Urie 1981: Die Ökologie der menschlichen Entwicklung. Stuttgart: Klett-Cotta.

Covy, Stephen R. 2016: Die 7 Wege zur Effektivität. Prinzipien für persönlichen und beruflichen Erfolg. Offenbach: Gabal.

Fingerle, Michael 2000: Vulnerabilität. In: J.Borchert (Hrsg.): Handbuch der Sonderpädagogischen Psychologie. Göttingen: Hogrefe, S. 287-293.

freie-referate.de: https://freie-referate.de/wp-content/uploads/teilprozesse-des-modelllernens.png [letzter Abruf vom 14.12.2021]

Hampel, Petra; Petermann, Fanz 1998: Anti-Stress-Training für Kinder. Weinheim: Beltz.

Klein-Heßling, Johannes; Lohaus, Arnold 2000: Stresspräventionstraining für Kinder im Grundschulalter. Göttingen: Hogrefe.

Kramer, Rolf-Torsten 2008: „Biographie" und „Resilienz" – ein Versuch der Verhältnisbestimmung. In: Opp, G; Fingerle, M; Freytag, A (Hrsg.): Was Kinder stärkt: Erziehung zwischen Risiko und Resilienz. München: Ernst Reinhardt, S. 79-97.

Lazarus, Richard S.; Folkman, Susan 1984: Stress, appraisal and coping. New York: Springer.

Lösel, Friedrich; Bender, Doris 2008: Von generellen Schutzfaktoren zu spezifischen protektiven Prozessen: Konzeptuelle Grundlagen und Ergebnisse der Resilienzforschung. In: Opp, G; Fingerle, M; Freytag, A (Hrsg.): Was Kinder stärkt: Erziehung zwischen Risiko und Resilienz. München: Ernst Reinhardt, S. 57-78.

LVR-Landesjugendamt: https://docplayer.org/115388708-Lvr-dezer-nat-jugend-lvr-landesjugendamt-rheinland-lvr-fachbereich-jugend-.html [letzter Abruf vom 14.12.2021]

Rogers, Carl R. 1983: Therapeut und Client. Grundlagen der Gesprächs-psychotherapie. Berlin: Fischer, S. 211-231.

Seligman, Martin E. P. 1979: Erlernte Hilflosigkeit. München: Urban & Schwarzenberg.

Shell Jugendstudie 2019: https://www.shell.de/about-us/shell-youth-study/infographics/_jcr_content/par/expandablelist/expandablesection_22031779.stream/1571043512057/3f67d-b96160313aa276e31ad07a8599b236a9268/shell-youth-study-infographic-family-parents-remain-educational-role-models.jpg [letzter Abruf vom 14.12.2021]

Skinner, Burrhus F. 1974: Die Funktion der Verstärkung in der Verhaltens-wissenschaft. München: Kindler.

Wustmann, Corina 2011: Prof. Dr. Fthenakis, Wassilios E. (Hrsg): Resilienz. Widerstandsfähigkeit von Kindern in Tageseinrichtungen fördern. Berlin: Cornelsen.

Zimbardo, Philip 1995: Psychologie (6. Aufl.). Berlin: Springer.

5 Erklärung

Hiermit erkläre ich, Ali Khorram Zadeh Esfahani, dass ich die vorliegende Arbeit selbstständig und ohne Benutzung anderer als der angegebenen Hilfsmittel angefertigt habe. Alle Stellen, die wörtlich oder sinngemäß aus veröffentlichten und nicht veröffentlichten Schriften entnommen wurden, sind als solche kenntlich gemacht. Die Arbeit ist in gleicher oder ähnlicher Form oder auszugsweise im Rahmen einer anderen Prüfung noch nicht vorgelegt worden.

Ich erkläre mich darüber hinaus einverstanden, dass meine Arbeit ggf. in der Bibliothek der FSP2/BS21 anderen Schüler*innen zugänglich gemacht wird.

Hamburg, den 27.01.2022

Ali Khorram Zadeh Esfahani

6 Anhang

„Starke Menschen"[43]

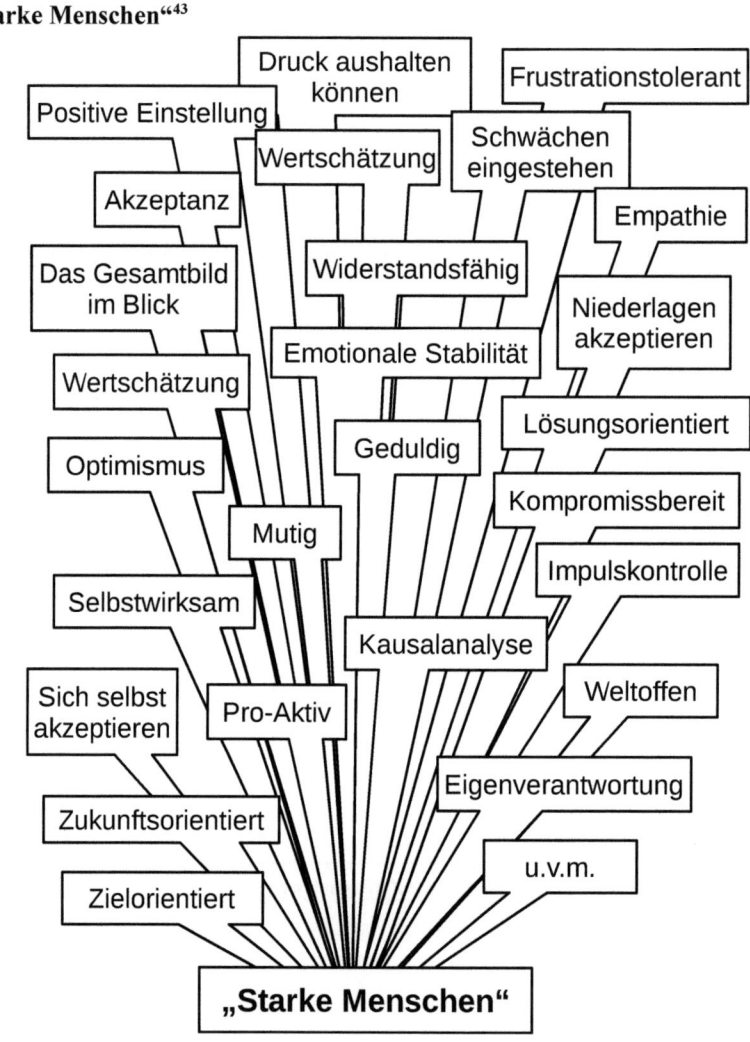

[43] Quelle: Eigene Grafik. Was versteht man unter „starke Menschen"? Die Darstellung zeigt die Eigenschaften „starker Menschen" nach der Meinung der Lerngruppe BWB-198-2

I

Pro-aktives Modell vs. Re-aktives Modell[44]

Re-aktives Modell

Pro-aktives Modell

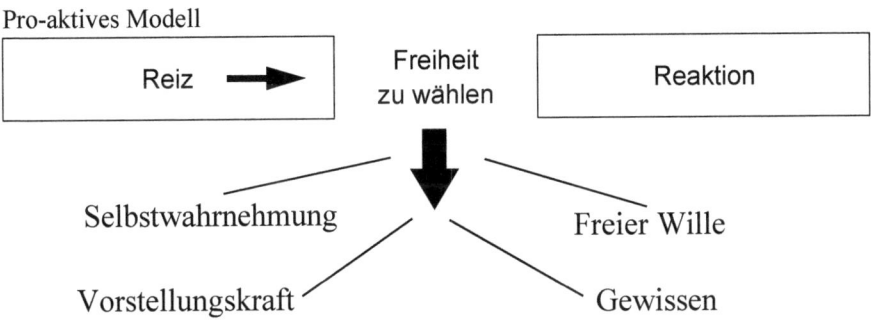

Modifiziertes Pro-aktives Modell nach eigener Interpretation[45]

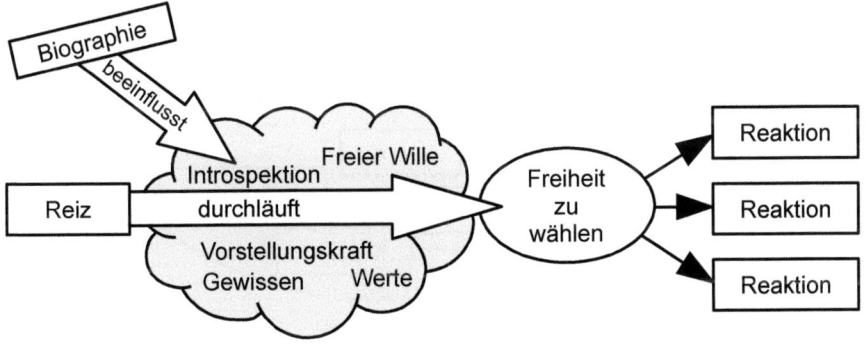

[44] vgl. Covy 2016
[45] Eigene Grafik, modifiziert nach eigener Interpretation

Sozialpsychologisches Modell[46]

Impulse durch Bezugspersonen beeinflussen das Kind. Die pädagogischen Fachkräfte unterstützen es in seiner Entwicklung durch Fachwissen und sozialpädagogische Theorien. Dabei werden alle Beteiligten durch Wirkungsfaktoren der Umwelt beeinflusst. Jede Person wirkt individuell, geprägt durch ihre Biografie und Bildung, auf das Kind ein.

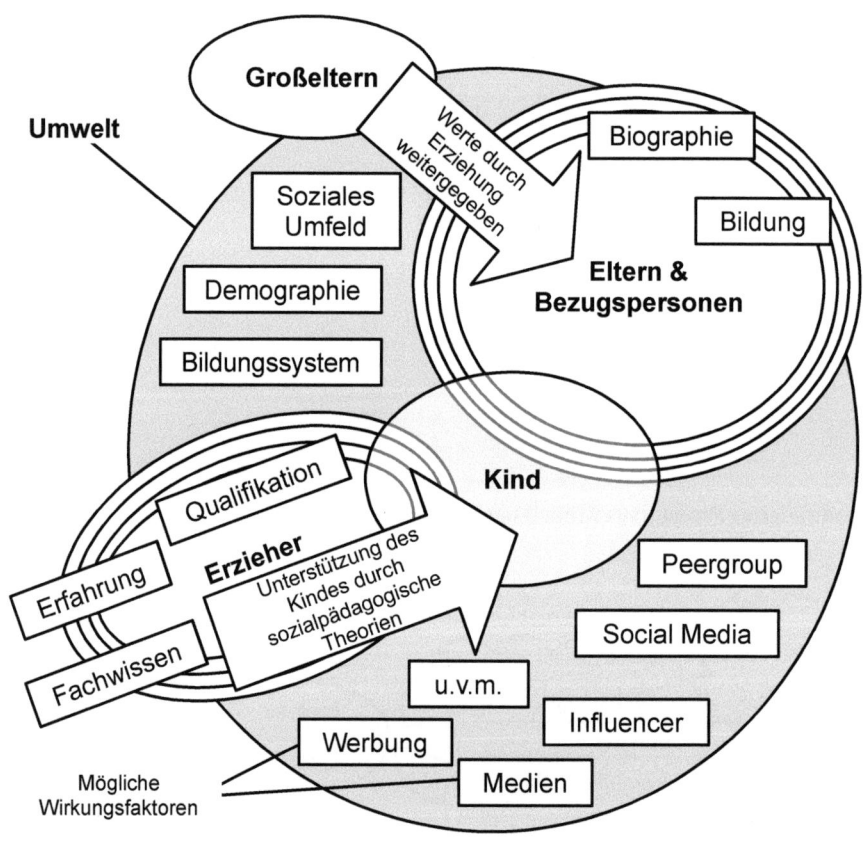

---

[46] Quelle: Eigene Grafik, Entwicklung während eines Facharbeitgespräches. Ich entwarf dieses Modell, bevor ich mich mit dem ökosystemischen Ansatz von U. Bronfenbrenner beschäftigt hatte.

Ökosystemisches Modell[47] nach Urie Bronfenbrenner

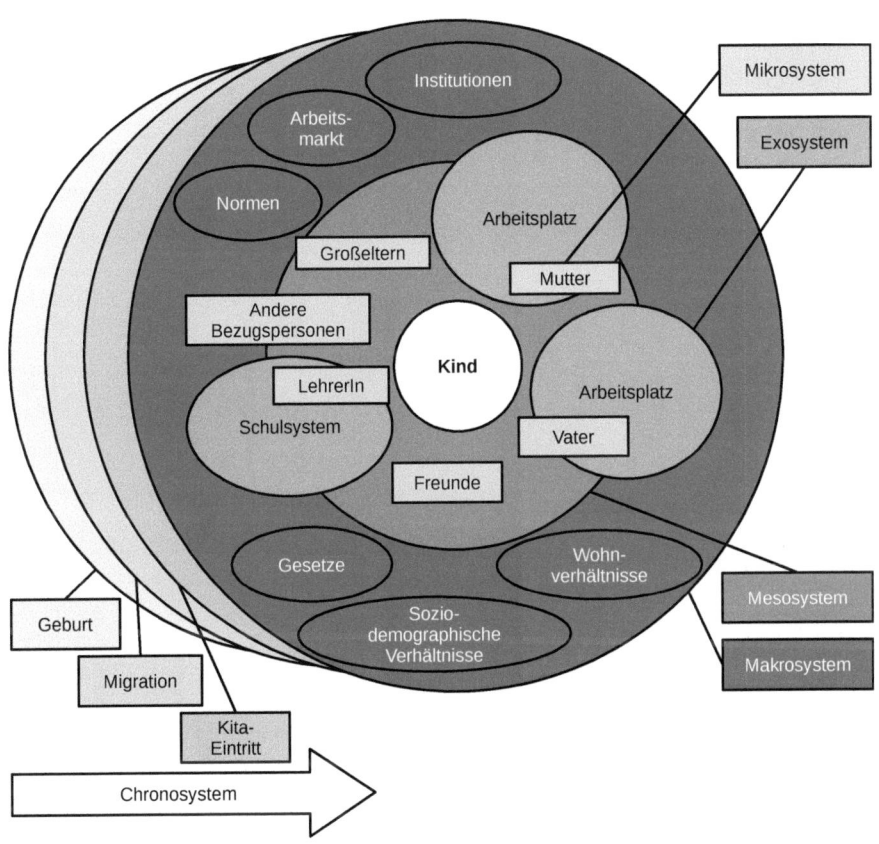

Mikrosystem

Exosystem

Mesosystem

Makrosystem

Institutionen

Arbeits-markt

Normen

Großeltern

Arbeitsplatz

Mutter

Andere Bezugspersonen

LehrerIn

Kind

Arbeitsplatz

Schulsystem

Vater

Freunde

Gesetze

Wohn-verhältnisse

Sozio-demographische Verhältnisse

Geburt

Migration

Kita-Eintritt

Chronosystem

---

[47] Quelle: eigene Grafik, modifiziert nach einer Vorlage von MAK: Die Systemebenen des Ökosystems von Bronfenbrenner, 08.2004.

Lernen am Modell[48] [49]

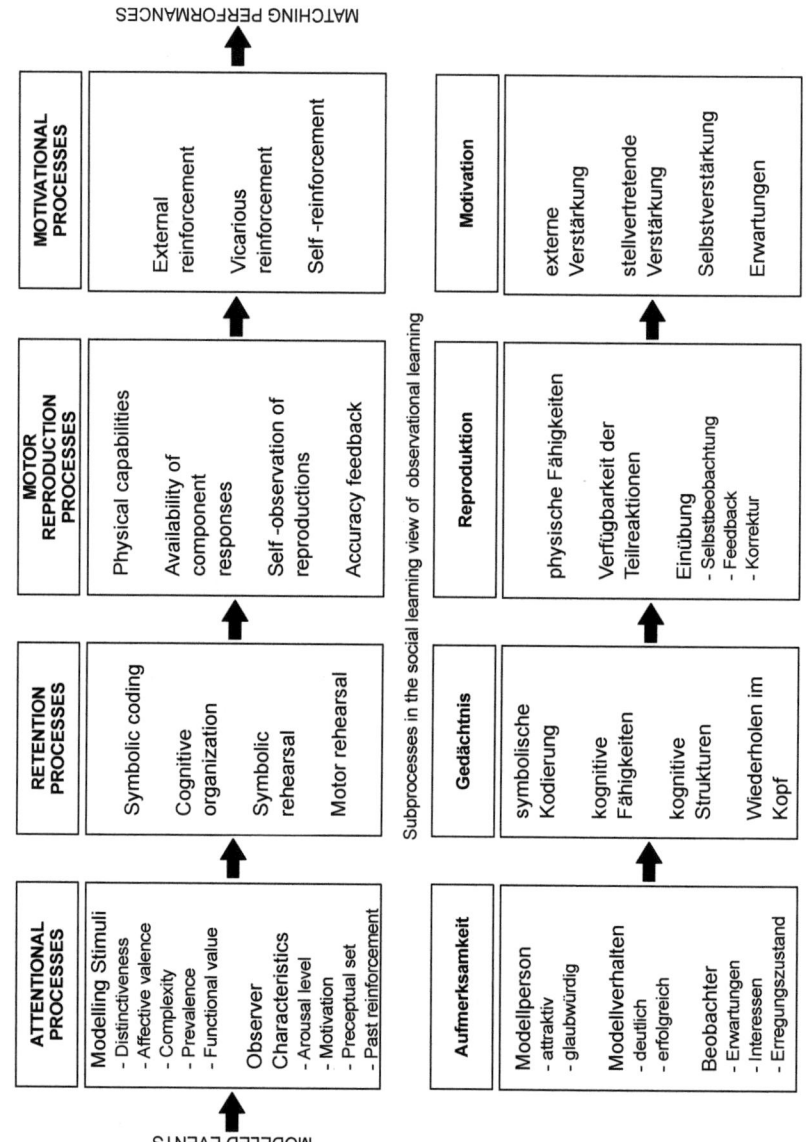

---
[48] Bandura 1971
[49] vgl. freie-referate.de (Übersetzungen)

Risikoerhöhende und -mildernde Bedingungen in der kindlichen Entwicklung[50]

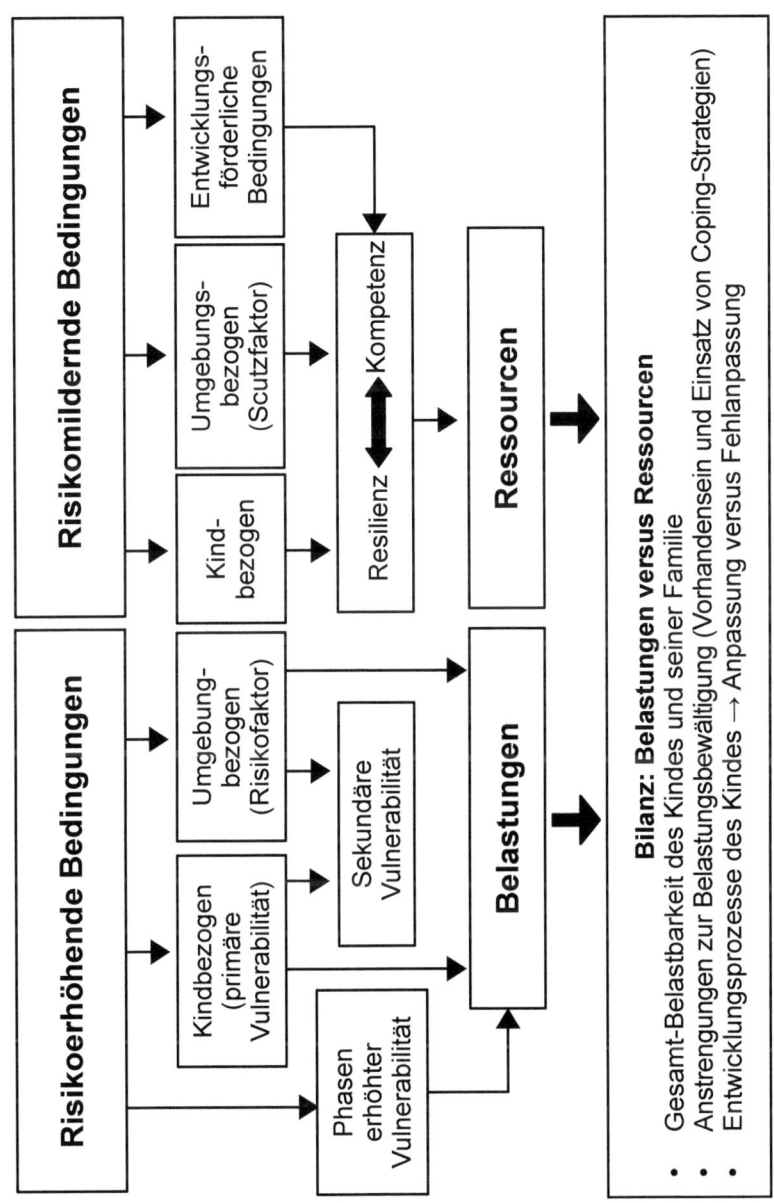

[50] Quelle: Wustmann 2011 (Modifiziert nach Scheithauer, Niebank & Petermann 2000: S.67)

Beispiele für Entwicklungsaufgaben[51]

Frühe Kindheit	Mittlere Kindheit	Jugendalter
Bindung an Bezugspersonen Sprachentwicklung Selbstkontrolle / Selbststeuerung (vor allem motorisch) Entwicklung von Autonomie	Geschlechtsrollen- identifikation Entwicklung von Impulskontrolle Beziehung zu Gleichaltrigen (soziale Kompetenz) Anpassung an schulische Anforderungen (Lesen, Schreiben, …)	Identitätsentwicklung Gemeinschaft mit Gleichaltrigen / Aufbau enger Freundschaften Internalisiertes moralisches Bewusstsein Schulische Leistungsfähigkeit

Klassifizierung von Coping-Strategien[52]

Kategorie	Repräsentative Strategie
Aggressive Aktivitäten	Etwas zerstören / Sich streiten
Vermeindendes Verhalten	Schlafen / Die Situation verlassen
Ablenkendes Verhalten	Etwas anderes tun / Spielen
Vermeidende Kognitionen	Ein Problem leugnen / Ignorieren
Ablenkende Kognitionen	Sich visuell ablenken / Humor
Problemlösen	Lernen / Nachdenken
Kognitive Umstrukturierung	Positiv denken / An Belohnung denken
Emotionaler Ausdruck	Weinen / Sich abreagieren
Ertragen	Sich Furcht aussetzen / Sich fügen
Informationssuche	Untersuchen / Fragen
Rückzug	Eine Auszeit nehmen / Woanders hingehen
Selbstkontrolle	Sich entspannen
Soziale Unterstützung	Mit Freunden oder mit den Eltern sprechen
Spirituelle Unterstützung	Beten
Veränderung des Stressors	Kompromiss vorschlagen / Die Situation ändern

---

[51] vgl. Wustmann 2011: S. 21
[52] vgl. Klein-Heßling und Lohaus 2000, S.12

Transitionsprozess[53]

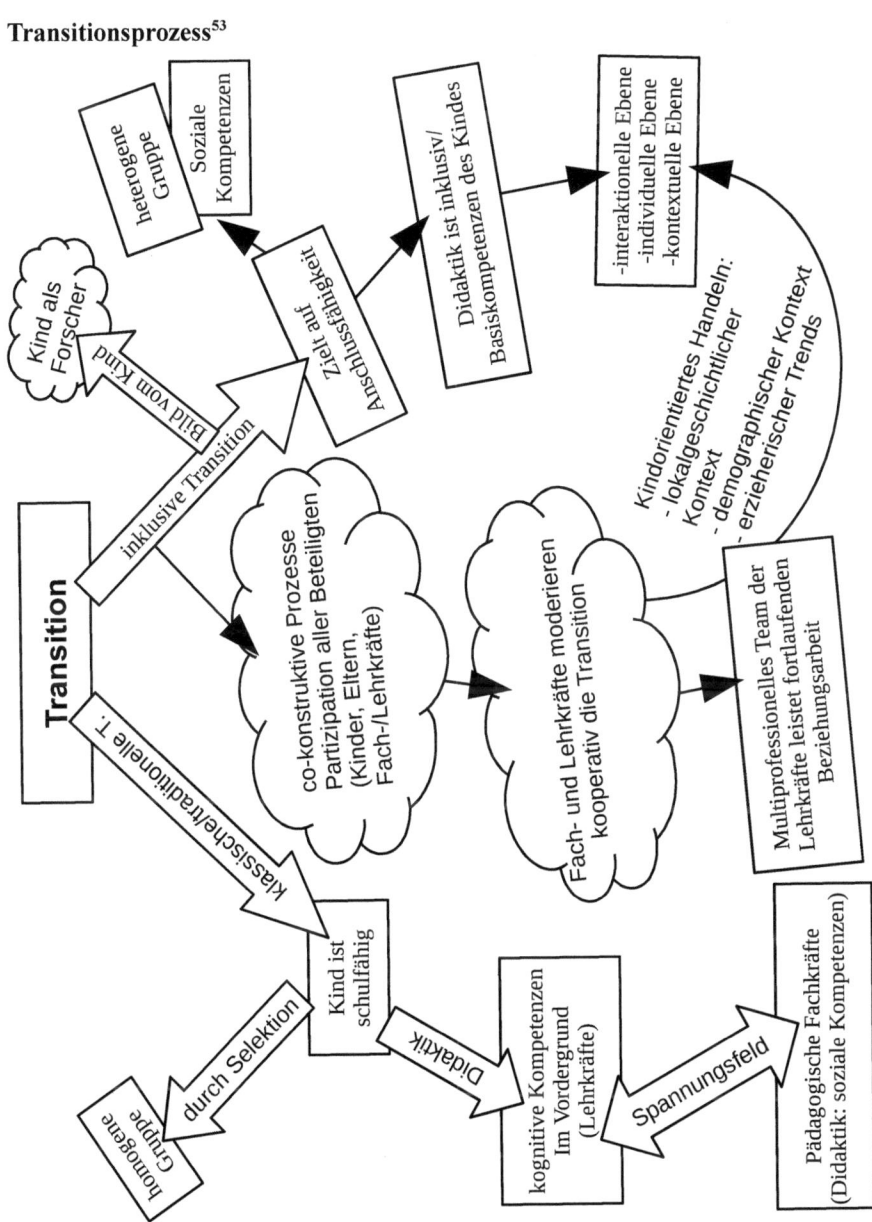

---

[53] Eigene Grafik mit Hilfe von Kathrin Jungbluth (Mitschülerin BWB 198-2), August 2021

Erziehungsmaxime in der Erzieher-Kind-Interaktion[54]

Resiliente Verhaltensweisen können gefördert werden, indem man ...	Förderung von
das Kind ermutigt, seine Gefühle zu benennen und auszudrücken.	Gefühlsregulation/Impulskontrolle
dem Kind konstruktives Feedback gibt (das Kind konstruktiv lobt und kritisiert).	Positiver Selbsteinschätzung/Selbstwertgefühl
dem Kind keine vorgefertigten Lösungen anbietet (vorschnelle Hilfeleistungen vermeidet).	Problemfähigkeit/ Verantwortungsübernahme/Selbstwirksamkeitsüberzeugungen
das Kind bedingungslos wertschätzt und akzeptiert.	Selbstwertgefühl/Geborgenheit
dem Kind Aufmerksamkeit schenkt (aktives Interesse an den Aktivitäten des Kindes zeigt; sich für das Kind Zeit nimmt).	Selbstwertgefühl/Selbstsicherheit
dem Kind Verantwortung überträgt.	Selbstwirksamkeitsüberzeugungen/Selbstvertrauen/Selbstmanagement
das Kind ermutigt, positiv und konstruktiv zu denken.	Optimismus/Zuversicht
dem Kind zu Erfolgserlebnissen verhilft.	Selbstwirksamkeitsüberzeugungen/Selbstvertrauen/Kontrollüberzeugung
dem Kind dabei hilft, eigene Stärken und Schwächen zu kennen.	Positiver Selbsteinschätzung/Selbstvertrauen
dem Kind hilft, soziale Beziehungen aufzubauen.	Sozialer Perspektivenübernahme/Kooperations- und Kontaktfähigkeit
dem Kind hilft, sich erreichbare Ziele zu setzen.	Kontrollüberzeug/Zielorientierung/ Durchhaltevermögen
realistische, altersangemessene Erwartungen an das Kind stellt.	Selbstwirksamkeitsüberzeugungen/ Kontrollüberzeugung
dem Kind Zukunftsglauben vermittelt.	Optimismus/Zuversicht
das Kind in Entscheidungsprozesse einbezieht.	Kontrollüberzeugung/Selbstwirksamkeit
dem Kind eine anregungsreiche Umgebung anbietet und Situationen bereitstellt, in denen das Kind selbst aktiv werden kann.	Explorationsverhalten/Selbstwirksamkeit
Routine in den Lebensalltag des Kindes bringt.	Selbstmanagement/Selbstsicherheit
das Kind nicht vor Anforderungssituationen bewahrt.	Problemlösefähigkeit/Mobilisierung sozialer Unterstützung
dem Kind hilft, Interessen und Hobbys zu entwickeln.	Selbstwertgefühl
ein „resilientes" Vorbild ist (dabei aber authentisch bleibt).	Effektive Bewältigungsstrategien

---

[54] Wustmann 2011: S. 134f.

Shell Jugendstudie 1954[55], 2002, 2019[56]

Eltern bleiben Erziehungsvorbilder

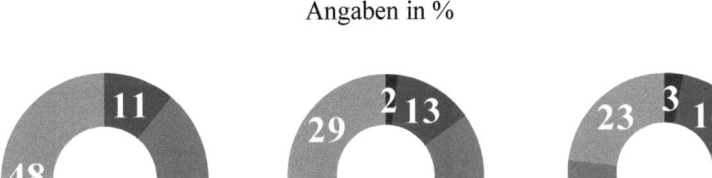

Angaben in %

1954	2002	2019

Die Shell Jugendstudie untersucht seit 1953 die Werteorientierung, Einstellungen, Gewohnheiten und das Sozialverhalten von Jugendlichen in Deutschland. Diese empirische Untersuchung hat sich in Fachkreisen als Referenzwerk etabliert.

Kinderbücher zum Thema „Gefühle"

Titel	Herausgeber	ISBN-10	ISBN-13	Lesealter
Wieso? Weshalb? Warum? junior: Ängstlich, wütend, fröhlich sein	Ravensburger Verlag	3473328340	978-3473328345	2 - 4 Jahre
Ich und meine Gefühle: Emotionale Entwicklung für Kinder ab 5	Loewe Verlag	378557293X	978-3785572931	5 - 7 Jahre
Der Löwe in dir	Magellan	3734820219	978-3734820212	3 - 6 Jahre
Heute nicht	Diogenes	3257012632	978-3257012637	3 - 6 Jahre
Ein gutes Gefühl: Das Gefühlstagebuch für Kinder	Ein guter Verlag	ASIN: B08LW2C1W1		3 - 6 Jahre
Gefühle - So geht es mir!	Usborne Publishing	1789411386	978-1789411386	4 - 6 Jahre
Das Gefühle-Mitmach-geschichten	Don Bosco Medien	3769824903	978-3769824902	4 - 8 Jahre
Die Gefühlebande	Marta Press UG	3944442776	978-3944442778	4 - 16 Jahre

---

[55] Quelle: LVR-Landesjugendamt
[56] Quelle: Shell Jugendstudie 2019

Die erste Mindmap zur Erstellung der Facharbeit[57]

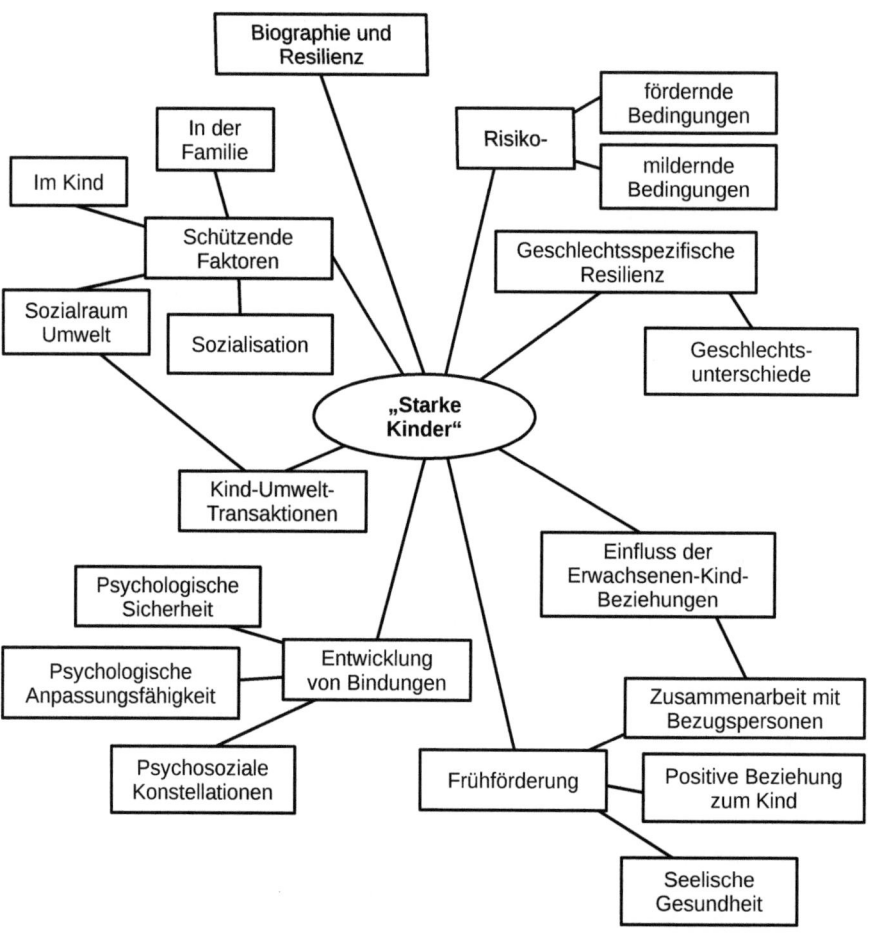

[57] Quelle: Eigene Grafik, Juli 2021

Die zweite Mindmap zur Erstellung der Facharbeit[58]

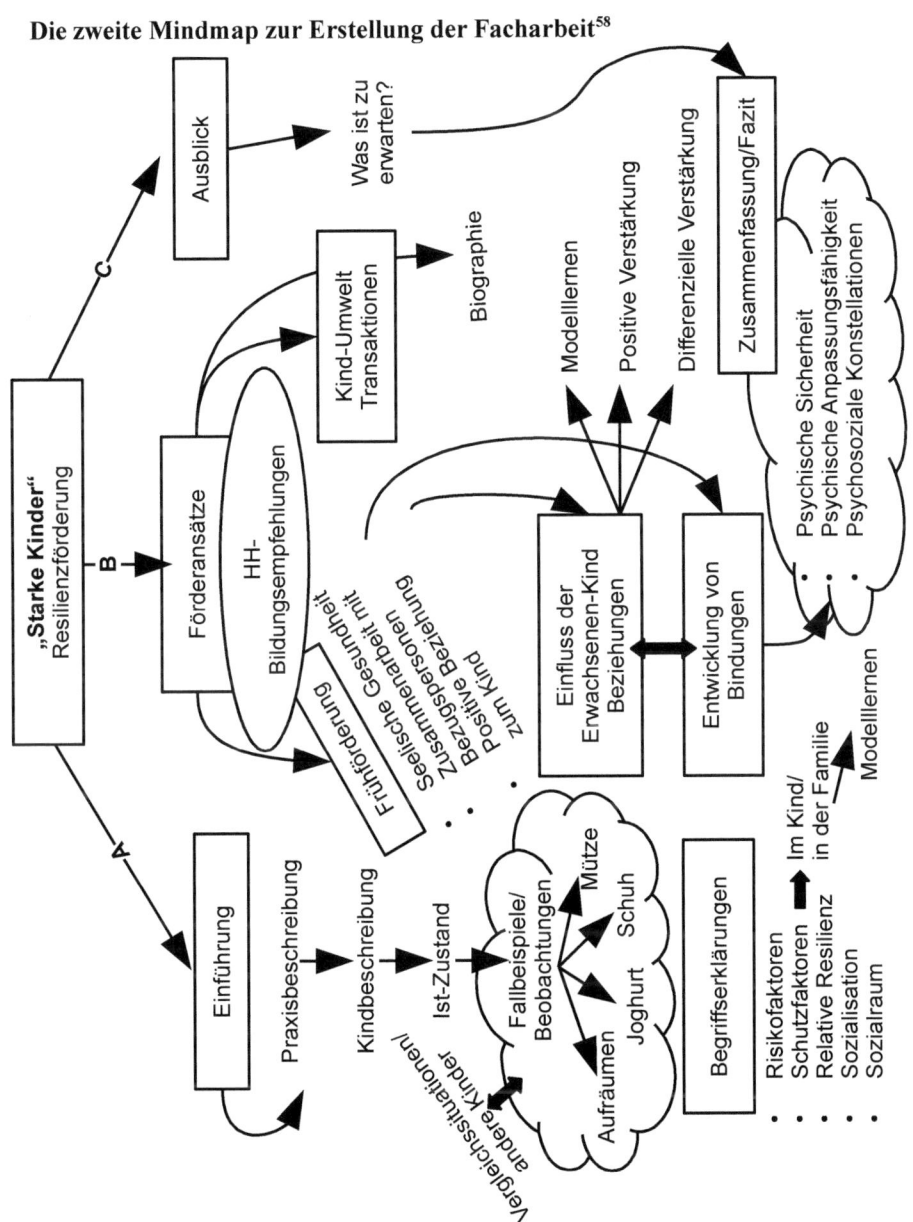

---

[58] Quelle: Eigene Grafik, August 2021

Die dritte Mindmap zur Erstellung der Facharbeit[59]

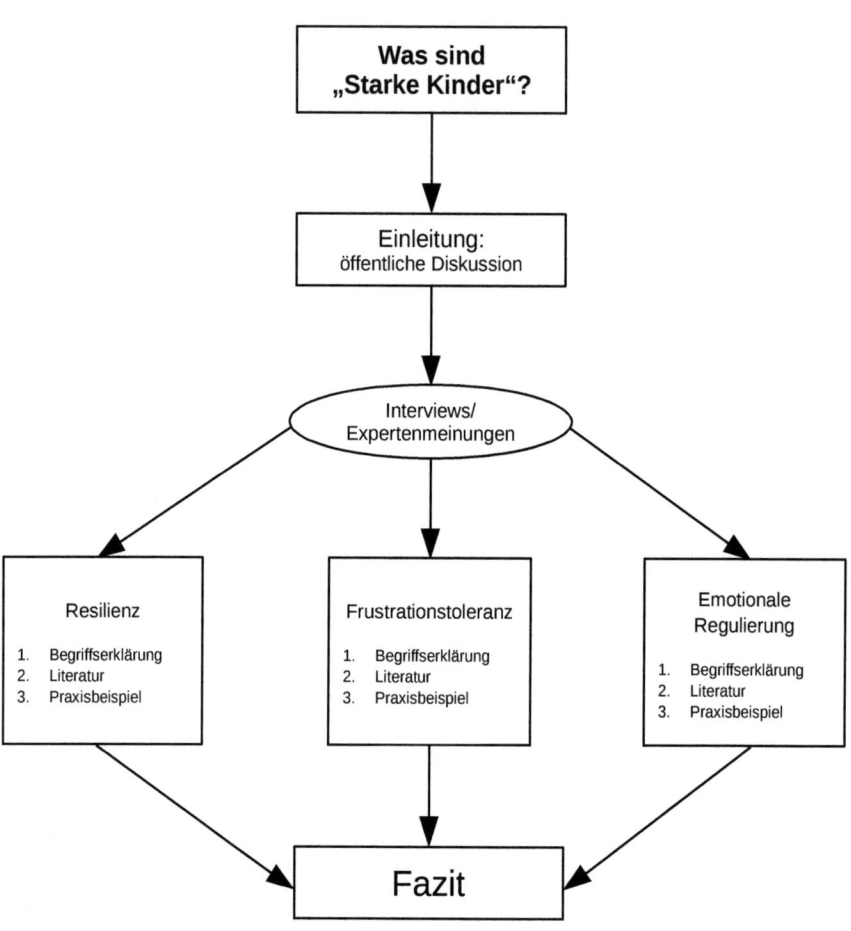

___

[59] Quelle: Eigene Grafik, nach einem Entwurf von Katharina Klein (Mitschülerin BWB 198-2), September 2021

Die vierte Mindmap zur Erstellung der Facharbeit[60]

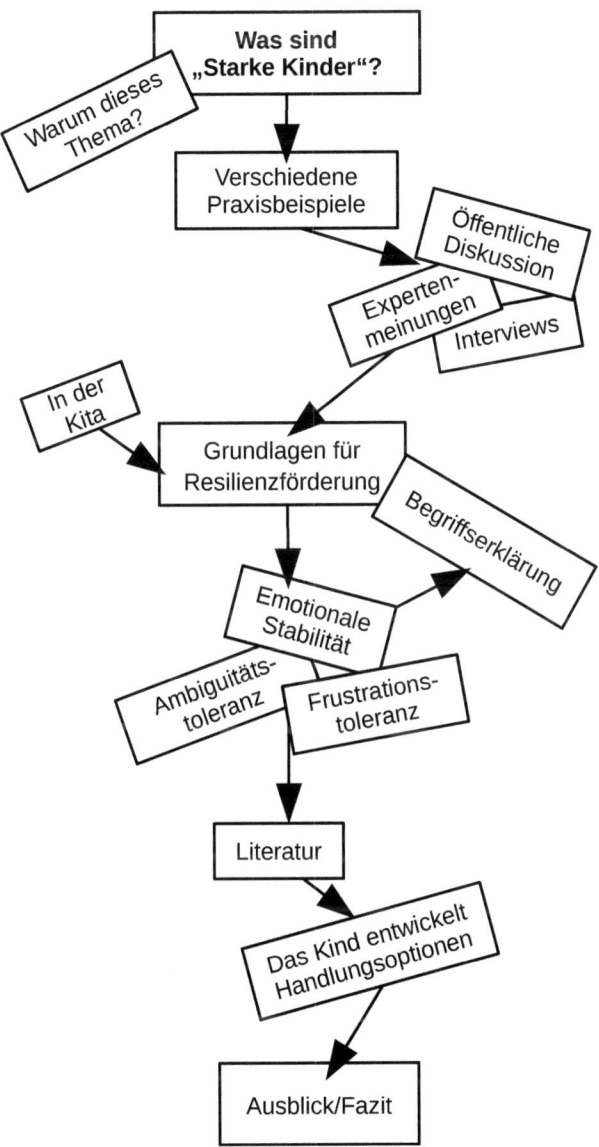

[60] Quelle: Eigene Grafik, Oktober 2021

Die fünfte Mindmap zur Erstellung der Facharbeit[61]

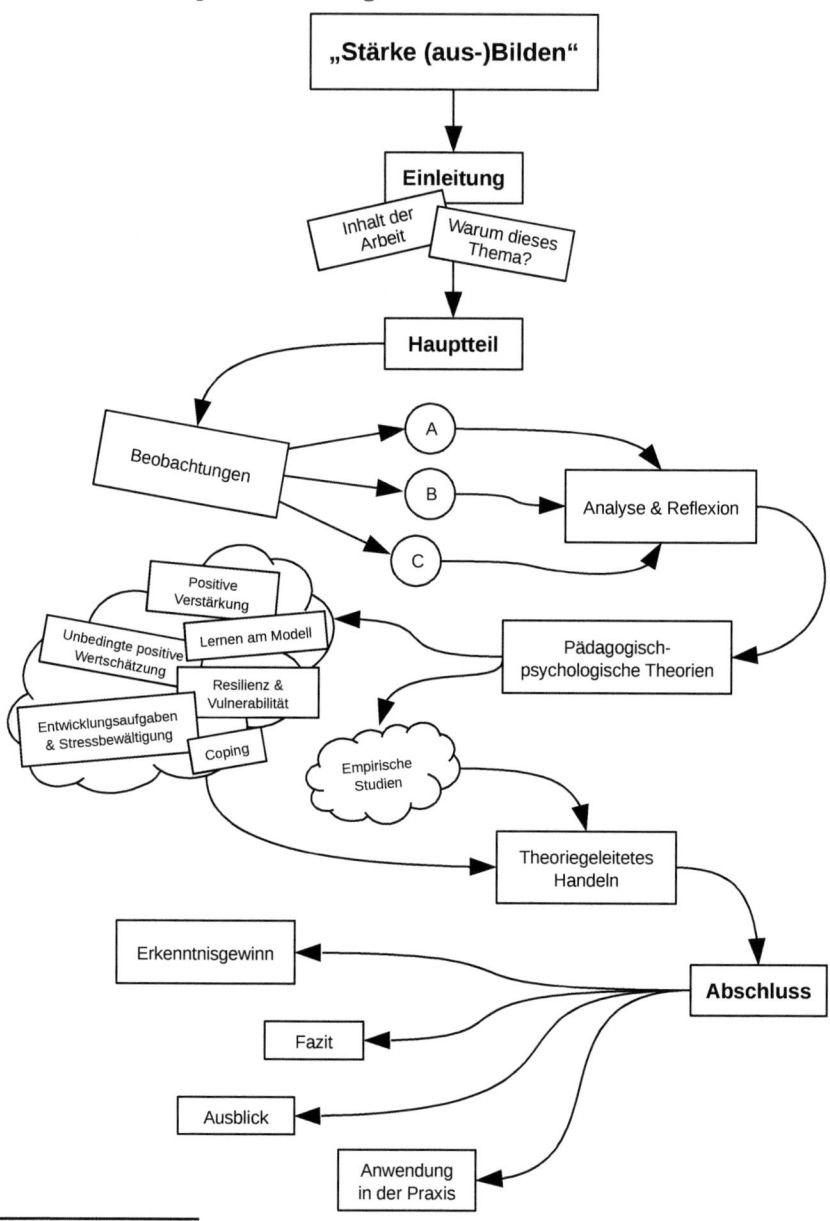

[61] Quelle: Eigene Grafik, Januar 2022

Resilienzförderung im Sportunterricht

- Sportverein
- Schulsport

Gott

Trainer

kann alles | bewundert
unbesiegbar | weiß alles
unerreichbar

sehen auf

Gruppe B
10-14 Jahre

Kennen sich

Familie | Lebenswelt | Spielplatz
Schulhof

sehen auf

Pit
Hein

besonders gut

sehen auf

Gruppe A
6-10 Jahre

übernehmen Teil des Unterrichts

Klaas Jan

Das kann ich auch!

Ich auch!

Integration einer **Idee** in das **Selbstbild**

Wissen um Erreichbarkeit von Zielen

erreichbares **Ziel**

Erfahren von **Selbstwirksamkeit**

wichtige Resilienzfaktoren

Selbstsicherheit

Selbstbewusstsein

Verantwortung

Ali Khorram Zadeh – FSP2 – BWB 198-2 – 05.2022